我的世界你曾来过

周文莉（如水） 著

文匯出版社

序

滋润了爱

晓鹿
上海人民广播电台著名播音主持人

因诗结缘，为诗而来。和许多人一样，我与美丽诗人如水——周文莉这样相识。

这位在部队大院里成长的军队的女儿，在党的阳光雨露哺育下，以丰沛的激情、非凡的才华，为祖国母亲吟诗、起舞、歌唱。在2020年全国人民抗击新冠疫情的斗争中，文莉的诗歌创作达到了新的高度。她以深沉的眷恋，深情的文字，歌颂了在中国共产党领导下，生命至上、举国同心、舍生忘死、尊重科学、命运与共的伟大抗疫精神，为推进疫情防控和经济社会发展增添奋进向上的力量！

当我敲击着键盘为她的第二本诗集

《我的世界你曾来过》写序时,起初我深感忐忑,不敢动笔。9月17日,在《英雄战歌2020周文莉抗疫题材作品音乐会》上,聆听她亲自演唱著名作曲家金月苓老师谱曲的《我的世界你曾来过》时,在她饱含热泪、如泣如诉的歌声里,我的眼前浮现出一个又一个文莉的形象,情不自禁回想起去年至今对她的多次采访。

2019年5月,在我第一次见到文莉老师时,她的娟秀容貌、婀娜身姿、知性气质给我留下美好的记忆。我惊叹,从16岁花季的少女时代就发表了第一首诗歌起,又在国标舞比赛中屡屡获奖的文莉,她的美丽和才华为何如此浑然天成?那天,我第一次采访了如水文化工作室创始人、苏州领先江南名媛文化艺术荟艺术总监、苏州江南织匠旗袍城形象大使、诗人、歌词作家、连续三届"贝蒂·黑池杯"全国体育舞蹈大赛冠军周文莉女士。

"生活是我创作的源泉。在从事国标舞教学中,我将自己的诗和国标舞结合起来,创作了国标舞的歌曲。我从小喜欢旗袍,2018年起担任苏州江南织匠旗袍城形象大使后,我的作品又和旗袍结了缘,写了旗袍走秀的新作品。在我的音乐会上,我把国标舞、旗袍、诗词三者结合起来,在文艺表演形式上创新突破。还因此结识了很多诗词爱好者、国标舞爱好者、旗袍爱好者,大家为了共同的爱好而来,在自己喜欢的地方,和喜欢的人一起，做自己喜欢的事情，我感到这是非常美好的时刻。"我的这次采访《穿越太阳和月亮的青春之心》"主播晓鹿采访手记"刊登在上海人民广播电台第一财经广播微信公众号上，受到读者的喜爱和好评。

2019年7月，文莉又在采访中讲述了受到如师亦友的余顺龙先生等当年知青精神的感染，她为知青群体而写《春歌》和《如水年华》的创作过程，这是她两次前往参观了江苏省盐城市大丰上海知青纪念馆以后的心灵咏叹。《春歌》这首诗已被上海知青纪念馆收藏和展览。她说："我看见知青馆里陈列着很多照片和图画以及那时知青生活的用品，对我震动很大。当年的知青都是十七八岁的孩子，这样的年龄本应是在父母身边享受呵护疼爱照顾的，但是，那一代青年毫不犹豫告别父母，离开城市，来到农村的广阔天地，学习劳动锻炼，甘愿奉献青春。我的心被如此坚强的雄心壮志而震撼。我特别注意到一幅水彩画中，一群小伙子和姑娘们在丰收的稻田里，顶着烈日辛勤劳作，他们的皮肤晒得黑黑的，可他们的脸上却绽放着笑容，我不由自主与画面中的人物合影留念，随笔就完成了《春歌》的创作。我想通过这首诗来表现知青们在艰苦岁月中的顽强意志和乐观精神，更想表达我对知青们的敬意，也向现在的年轻人传递美好正确的人生观、世界观和价值观。"于是，我的又一篇采访手记"一曲《春歌》致敬知青 《如水年华》礼赞生命"一气呵成。

2019年10月,在文莉的《月光如水》诗集首发仪式上,她深情抒发了感恩的心情。她特别感谢诗集的总策划余顺龙先生,是余总鼓励她把创作诗歌的文字永恒在书页里留香,去芬芳社会和喜爱诗歌的读者们。

文莉创建的集团公司海花艺术中心,融合了旗袍文化、国标舞文化和诗词、歌曲等艺术门类,培养了一批舞蹈爱好者、诗词爱好者和歌唱爱好者队伍,在文化艺术圈内的影响日益深远,多元化文化等项目都在不断地推动中。

文莉真切表示:"愿用我的笔墨,用我的热情和真诚,写山,写水,写人,写从容,写尘世间每一片心语。愿大家的微笑如水般清澈,愿一切美好如约而至。"

"展翅高飞,乘风破浪,

像海鸥在空中翱翔,

穿过重重迷雾,

越过层层险阻,

跟着党一起奔向胜利的彼岸,

一起飞向梦想实现的远方。"

著名电影表演艺术家梁波罗老师朗诵的这首《穿越梦想》,

是文莉在浦江游艇船舷上凭栏远眺的灵感之作。在改革开放的前沿陆家嘴,在浦东滨江的摩天大楼集群中,这首诗淋漓尽致地表达了她对党、对新时代、对祖国、对生活、对未来无限美好的憧憬与梦想。

今年以来,围绕9月17日隆重举行《英雄战歌2020周文莉抗疫题材作品音乐会》的数次采访,我更感受到文莉的一颗赤子之心。说起如水文化工作室以"艺"抗"疫",赞颂"最美逆行者"担当奉献精神的可喜成绩,许多朋友们都会情不自禁地跷起大拇指夸奖她,从疫情开始到三军将士、白衣天使无畏逆行出征、到大爱仁心救治生命、再到英雄凯旋,以及社区街道居委干部、志愿者、保安等的坚守奉献事迹,文莉生动捕捉、全方位记载。我特别注意到她描写上海复工复产的一首诗《上海力量》非常贴近主旋律:"明珠塔高耸传来捷报,复工的上海活力景象。走出阴霾回归生活,坚定信念圆梦想。团结一心复工复产,总书记带领我们扬帆远航……"激情昂扬、振聋发聩的文字,乘着歌声的翅膀,久久回响在我的耳际。

我也获取到另一个感人的细节,疫情期间文莉被广播、电视、微信上源源不断传来的抗疫防控阻击战的英雄消息激动、感奋着,废寝忘食全身心写作,连续两个多月坐在阳台的小凳上构思,一度腰腿直不起来,下楼走路跌跌撞撞迈不开腿,视力也下降了许多，可见她的创作达到了怎样忘我的境界？

为何能始终保持炽热的创作激情？文莉的回答是："我是在部队大院里长大的，从小看见的都是美好的事物，所以我特别能够发现美，更愿意歌颂美。美好的生活来之不易，我希望年轻人能够珍惜如今幸福的生活。"

八一建军节这天，文莉的父亲，一位有着七十年党龄的老兵，艰难而庄重地抬起右臂，向八一军旗敬礼："老兵归来，向您报到！"从小受到父辈革命传统精神教育的周老师赋诗一首："泰山耸立黄河流，古月依然照神州。营盘变迁已渐远，一生情结记心头。历代英烈多壮志，父辈喋血为国酬。固我江山不退后，豪迈高歌朝前走。"

一首首凝结着文莉对党、对祖国和人民无限热爱的诗作深深打动了众多知名作曲家，他们纷纷为文莉的诗谱曲。今年以来，金月苓、罗继良、楼勤、张培岳、吴恩赉、胡济良、朱加农、刘其发、邓融和等多位老师或谱曲或制作音乐，让文莉的诗歌插上了音乐的翅膀飞入千家万户，据不完全统计，有四十多首诗被谱成歌曲，震撼感动着人们的心灵。

在华阳路街道的"网红"朗读亭中，文莉的多种题材诗歌包括抗疫诗歌集吸引了众多社区居民们，他们爱读她感情真挚、朗朗上口的诗作，既享受了"朗读者"的快乐，又保存下自己的朗读原声，让抗疫防控阻击战中平凡英雄的事迹家喻户晓。

"在众志成城、打赢疫情防控阻击战的关键时刻，我愿以歌曲励志、振奋精神，风雨同心，共同抗疫。"这是美丽诗人如水——文莉今年以来创作抗疫作品的初心。她真切表示："昨天像一场梦，总是来去那样匆匆，有时还未懂得如何深爱，一切又成往事如风，珍惜亲情、爱情、友情，不要让人生留有遗憾。"

从盛夏到初秋，上海东方知青合唱团、上海欧阳知青合唱团、领先集团海花艺术中心、华阳小燕合唱团部分姐妹，争分夺秒精心排练。合唱团员、舞蹈队员、模特队员们引吭高歌，编舞练习台步，热情奔放，充满爱的力量，展现出了歌颂英雄的时代最强音。无论是平日的排练，还是封闭式训练，大家的共同目标是，要在"英雄战歌"音乐会上唱出最美的歌声，展示最好的精神风貌！

我采写的报道《英雄战歌周文莉作品音乐会的最强音》《英雄战歌再掀海花艺术新浪潮》《何惧风雨兼程，唱响英雄战歌——英雄战歌2020周文莉作品音乐会特写》刊登在"主播晓鹿时间"微信公众号上，同样受到读者踊跃的点击阅读。

如今，由如水文化工作室主办、上海音乐家协会音乐文学专业委员会、长宁文化艺术中心、华阳社区文化活动中心支持，上海东方知青合唱团、上海欧阳知青合唱团、领先集团海花艺术中心协办的《英雄战歌 2020 周文莉作品音乐会》,在各方通力合作下取得极其震撼的演出效果,圆满成功之际,我衷心祝愿文莉永葆青春、抒发豪情;讴歌时代、谱写新曲,继续弘扬中国精神、中国力量、中国担当!

2020 年 9 月 19 日

目录

序 /001

第一辑　岁月的花期 /001

岁月的花期 /002

我愿做五月的风 /004

古镇情缘 /005

新秋 /008

望月 /011

新年抒怀 /012

海花迎春 /013

春来了 /014

你很美 /015

蒜 /016

蜡梅花 /017

春风来了 /020

雨后樱花 /022

春天的使者 /023

又是一个三月三 /026

探春 /027

又见那朵莲 /028

做只小鸟真的很好 /029

端午安康 /030

中华少年 /031

夏荷，我来看你了 /032

无上荣光 /034

如梦初醒 /035

秋雨也缠绵 /036

辰山秋莲 /037

莲 /038

秋叶 /039

七夕咏叹 /040

像风儿一样 /042

秋天 /044

秋思 /045

观甫诗有感 /046

夕阳情怀 /047

时光的给予 /049

别样年华 /050

八分园 /051

曾经有一朵花 /053

重阳节 /054

秋雨 /055

真的很美 /056

烟雨 /058

第二辑　永远的军魂 /059

永远的军魂 /060

挺住，武汉 /062

永不后退 /063

好久不见 /065

院士的泪 /066

正月初九 /067

春天终将到来 /068

有难我们一起扛（独唱歌词）/070

有难我们一起扛（合唱歌词）/071

美丽的瞬间 /072

想和你说句话 /073

我们是军人 /074

疫情无情人有情 /076

战地恋人 /077

生命的坚守 /079

上海力量 /080

我会飞翔 /081

落雨如珠 /082

我庆幸在中国 /083

等你归来 /084

送别 /085

樱花美，白衣天使更美 /087

静静地离开 /088

健康大于天 /089

给父亲一个拥抱 /090

忠诚的战士 0/92

负重前行 /094

我爱你，伟大的党 /095

八一感怀 /097

中国军魂 /098

海韵 /099

党旗在心 /101

疫重情深 /102

盛世中国 壮哉中华 /105

初心唤使命 /106

爱的臂膀 /108

第三辑　滋润了爱 /109

滋润了爱 /110

心中的暖意 /111

相遇 /113

心念 /114

同在蓝天下 /116

爱情流星雨 /117

我的世界你曾来过 /118

牧民情歌 /120

清明思念 /121

留住美好的瞬间 /122

我轻轻地捧起你 /123

陪你一起看草原 /124

爱的日子，心存阳光 /126

同窗的你 /128

生命是否可以重来 /129

墨韵 /130

请多珍重 /131

遇见丝享荟 /132

初恋 /133

美好的问候 /135

爱上 /136

你的模样 /137

爱相拥 /138

心飞翔的地方 /139

浦江秋月 /140

亲亲山沟沟 /142

诗心 /143

爱诗的女人 /144

最温柔的诗行 /146

龙山空中茶园 /147

茶园情思 /148

天姿 /149

在音乐里迷失 /150

一路静雅故人归 /152

寄给芬英的心愿 /153

朴素,源于一颗真诚的心 /154

思念的味道 /156

故乡那份情感 /157

爱在心中徘徊 /158

为你而聚 /159

问牧岛 /161

金秋月圆 /163

美丽西藏 /164

心诗 /166

吟秋 /167

看海 /168

后记 /169

我的世界你曾来过

辑一 岁月的花期

岁月的花期

2020年6月9日

锦瑟年华不老容颜,
追忆人生初见。
雨巷花伞,长发飘过,
叶绿牵绊了谁的视线?

红尘邂逅泪水潸然,
那是最美遇见。
江南水婉,廊桥岸边,
步履牵动了谁的思念?

摇曳的百合,风中奇缘,
光与影的和谐,声与画的对白。
岁月的花期,不甘沉淀,
梦想常在,芳华永远。

我的世界你曾来过

3

**我愿做
五月的风**

2020年5月14日

我愿做五月的风,
掀起你飘飘衣袂,
看着你满眼的温柔,
那是风儿送来最美的心灵。

我愿做五月的风,
追随我梦中天使。
听着你悦耳的歌声,
那是鸟儿传来深情的叮咛。

当我依偎在你的身旁,
只有风吹绿叶沙沙声,
我们不再需要全世界,
只愿随你而去望星空。

古镇情缘

2020年2月7日

那一池秋水，
孤鹜长天。
那一袭秋风，
心海波澜。

那一弯拱桥，
像一弯明月，
扯不断心中激荡的
那一份思念。

那一袭旖旎的旗袍，
吸引了谁的视线？
眼眸深处的秋水，
淹没一份恬淡。

一条石板路，
向前蜿蜒，渐行渐远，
时光的尽头，
铺满色彩斑斓。

一把油纸伞，
凝固了芳华无限，
那丁香一样的姑娘，
总是萦绕心间。

一群如水般的江南女子，
走在石板路上，
那一条柔美的轻纱，
那一世的愁绪与欢喜，
总在眉宇之间，

时光渡口，
岁月一片安然，
风华过后，
是一种成熟的芳艳。

我与时光曾有个约会，
在古镇的街口邂逅，
那一世的情缘，
只在山水之间相伴。

新秋

2020年8月7日

说是立秋了,
白天依然炎热。
庄稼还不想成熟,
愿意在绿色中酣睡。

八月,不属于某个季节,
还没有告诉玉米,
还有青涩的果子,
以为刚过了春季。

水田里悄悄灌满了期待,
那些酿造出的喜悦和甜蜜,
会不会突然来一次风霜,
停止了所有的浪漫?

抬头仰望阳光灿烂,
脸上依然会挂着汗水,
会不会有些许的清冷,
让你记得披上一方丝巾。

立秋了,
我看到秋水潋滟,
满河的霞光,
还有姑娘在河水中羞红的俏脸。

我的世界你曾来过

9

10

我的世界 你曾来过 II

望月

2020年8月27日

月亮爬上了中天,
你却装在我心间。
一份思念一种伤感,
对你的爱总也说不完。

你就像青春火焰,
把我的爱情点燃。
一种痴心一份情感,
对你的爱总牵念不断。

望月怀远,
思念如潮水拍岸。
月有圆缺,人有悲欢,
谁懂清月冷暖。

望月长叹,
思念如潮水波澜。
月上西楼,夜海情天,
谁知月色清寒。

新年抒怀

2020年1月15日

时逢欧阳庆新年,
满座同欢喜开颜。
高唱人生正气歌,
豪情壮志续诗篇。

注：今天下午应上海欧阳知青合唱团团长、指挥李向荣老师的邀请参加了迎新年会，赋诗《新年抒怀》并亲自朗诵，祝贺年会圆满成功！

海花迎春

迎新辞旧笑声扬,
情满海花万事祥。
歌声阵阵庆盛世,
好运连连伴身旁。

2020年1月20日

注：贺海花艺术团迎新年活动。

春 来了
2020年2月5日

春来了,春天你来了,
我又闻到了泥土的芳香,
冰雪下面萌动的绿色,
孕育着生命的希望,
任何力量也无法阻挡。

燕来了,燕子飞来了,
我又打开了心灵的门窗,
春天就像美丽的姑娘,
编织着五彩的霓裳,
沐浴着那快乐的春光。

党啊党,亲爱的党,
你就像那缕灿烂的阳光,
带着我那甜蜜的梦想,
张开那温暖的臂膀,
拥抱圆梦的幸福时光。

你很美

2020年2月5日

你把青春献给了祖国,
虽然你经历了太多坎坷,
饱经沧桑的面容,
那样自信从容不迫。

在我眼里你很美,
老有所学,老有所乐,
为了中国更加美好,
一辈子奉献丰硕的成果。

你把青春献给了祖国,
虽然你经历了太多风雨,
昂扬向上的风骨,
依然坚毅热情似火。

在我心中你很美,
老有所求,老有所为,
为了祖国更加强大,
你还在为新时代献计献策。

"你是国家宝贵的财富",
你配得上这最高褒奖评说,
"你是国家宝贵的财富",
你配得上这最高褒奖评说。

注:献给上海市退(离)休高级专家协会。

蒜 2020年2月9日

蒜,
香香辣辣味无数,
营养足。
补补复补补。

蒜,
辣得酸泪穿成珠,
和肉煮,
酿成酒一壶。

蜡梅花

2020年2月10日

二月的北国，
乍暖还寒时节，
微冷的西北风，
总是让人有一份期待，
期待春天的来临，
期待那冰雪消失的时刻。

莫名其妙的，
心中总有一种渴望，
那坚韧顽强的梅花，
你是否如约而至。

蜡梅花，
你总是盛开在寒冷的冬季，
淡黄色的小花，
娇小玲珑却在冰雪下生长，
任冰雪再深厚，
任严寒再彻骨，
都拼命地向上生长。

你总是那样默默无闻，
又那样招人喜欢，
让关在暖室的人们，
那种压抑感瞬间释放殆尽。

人们说看见蜡梅花,
就马上可以看见春天的样子,
因为你是春天的使者,
带着春天的信息即将来临。

不知道为什么,
我很喜欢蜡梅花,
喜欢你的高洁,
孤芳自赏的宁静;
喜欢你不畏严寒,
那种不屈的风骨,
即使重压之下,
依然倔强地生长,
向着阳光,向着梦想。

虽然生命很短暂,
但却依然那么自信而从容,
因为你有希望和信念,
有一种无法撼动的力量,
不管多少困难,
不管多少坎坷,
依然那么坚韧不拔,
依然抗争到最后,
胜利是属于你的,
你永远不可战胜。

蜡梅花啊,蜡梅花,
你让我想起了武汉三镇,

想起了那一张张美丽的面孔，
他们就像冰凌花一样，
在努力坚守，默默地支撑，
用信念与担当，
与疫情做生死较量。

看见蜡梅花，
我看见了中华民族，
炎黄子孙的风骨，
他们百折不挠，
万众一心，众志成城，
风雨同舟，心手相牵，
谁也无法阻挡。

望着山川江河，
望着远方的武汉，
我感受到了春天的来临，
那是一种久违的感觉，
一种压抑太久的萌动，
既然冬天即将过去，
春天还会远吗？

迎着吹来的微风，
对着清丽傲然的蜡梅花，
对着扇动着金色翅膀的蜜蜂，
我笑了……

春风来了

2020年2月11日

推开窗子，
久违的春风吹来了，
吹进屋子，
更吹进了心海。

带着泥土的气息，
带着空气的馨甜，
那种清新，
直入我的心田。

此刻，不想说话，
只想闭上眼睛，
静静地，默默地吸吮，
不让一滴一毫错过。

风，是微凉的，
也是醉人的，
迎着清晨的阳光，
有一种珍惜的感觉，

望着远方，
冰雪已经消融，
草儿正努力地生长，
春天啊，你迎面而来。

我的世界 你曾来过

心，好想飞翔，
在蓝天白云之上徜徉，
沐浴春天的气息，
感受春天的力量，

春天就在我们面前，
让我们高举双手，
带着甜蜜的梦想，
去拥抱这一个
备感珍惜的春天吧！

雨后樱花

2020年2月20日

雨后樱花分外娇，
微风拂过更妖娆。
蜜蜂嗡嗡忙采蜜，
彩蝶双双飞来瞧。

春天的使者

2020年2月22日

你们是春天的使者,
尽管空中还飘着雪花,
你们的大义请战,
温暖了这个寒冷的季节。

你们是春天的使者,
疫情虽然还没有过去,
危险还在身边肆虐,
你们却用爱在播撒春色。

迎着风雪,
向着前方,
你们奔向最需要的岗位,
守护一方的平安,
别人安睡的时候,
你们却在随时准备着,
为抗击疫情舍身忘我。
迎着危险,
向着阳光,

注:献给抗疫志愿者。

你们逆行的身影，
让我的双眼盈满泪水……
谁没有父母亲人，
谁没有兄弟姐妹，
谁不恋家的温馨，
谁不懂自身安危？

为了无数个他人，
为了无数个鲜活的生命，
为了无数个陌生的兄弟姐妹，
你们义无反顾，
你们从容无悔，
你们用自己的付出，
你们用自己的大爱仁心，
树立起中华民族的丰碑。

你们有的也是柔弱的女子，

你们也是家中的花蕾,
在疫情来临的那一刻,
主动请缨没有躲避后退。
是无数个你们的付出,
是无数个你们的苦累,
用汗水聚成生命的灯油,
用爱心串起希望的灯芯,
点亮了穿透黑暗的灯光,
守护我们安然无恙地入睡。
难以说谢谢,
因为话语已无法表达内心的情感,
只想用心拥抱你们,
一起去叩开春天的心扉。

花儿会开放,
鸟儿会纷飞,
春天会再次来临,
尽管脚步慢了些也无所谓。

当梨花开放的时候,
当十里樱花盛开的时候,
你们的笑容最美……

又是一个三月三

2020年3月3日

三月三呀三月三,
燕子归巢了,
想念春天的样子,
这种久违的感觉,
这种温暖的憧憬,
总是在心间晃动。

召唤着心底的热烈,
欢呼着春天的来临,
就这样慢慢地等待,
不会在等待中失望,
只为期盼新生命的来临,
让温暖的脚步再快一点。

三月三呀三月三,
我看到了那久违的绿色,
在抽芽的柳绿中,
在含苞的花红中,
正捧一掬晶亮亮的春雨,
拥抱一个新崭崭的春天。

探春

2020年3月17日

笑脸盈盈杨柳依,
桃花朵朵压枝低。
最美不过孟春色,
丹青妙笔画不及。

又见那朵莲

2020年3月23日

走过池塘边,
听晚风轻轻地吹来,
吹拂着你的长发,
一抹思绪为谁缠绵?

走近池塘边,
看月光静静地洒满,
洒落在你的衣衫,
一缕清风为谁牵绊?

又见那朵莲,
摇曳舒展的那朵莲。
宁静相望前世有缘,
今生相依睡莲花开。

又见那朵莲,
亭亭玉立的那朵莲。
碧绿滴翠牵手相伴,
并蒂相偎心高志远。

做只小鸟真的很好

2020年6月1日

抬头仰望天空真好,
蓝天上白云在自由地飘。
再也不用担心什么事情,
好想做一只小小鸟。

喜欢清风吹动树梢,
草地上跳跃着自由奔跑。
再也不受世俗什么困扰,
就想做一只小小鸟。

做只小鸟有什么不好,
简单快乐真的重要。
心情轻轻松松,
再也不会有烦恼。

做只小鸟真的很好,
飞到枝头尽情欢叫。
放下一切牵绊,
把世界尽情拥抱。

端午安康

2020年6月25日

又是一年粽叶飘香，
有一句话儿我想对你讲：
端午安康，端午安康，
哪怕千里万里身在异乡。
在这特别的日子里，
遥祝天下所有父母兄弟姐妹：
端午安康，端午安康。

又是一年细雨满江，
有一句话儿还留在心上：
端午安康，端午安康，
不管贫穷富贵身在何方，
在这思念的日子里，
但愿祖国大家庭的所有亲人：
端午安康，端午安康。

中华少年
2020年7月7日

你曾经拥有懵懂的昨天，
如今已是阳光少年。
怀揣着梦想起航扬帆，
心中自有快乐彼岸。

你多少次泪水洒落胸前，
艰辛的路努力登攀。
只因拥有成功的信念，
金榜题名不负苍天。

踌躇满志多少夜晚，
勤学苦读多少时间。
终于等到鱼跃龙门，
壮志凌云看我中华少年。

双脚丈量故乡校园，
双手书写青春笔端。
誓言不变即将如愿，
豪情万丈看我中华少年。

注：今天是高考的第一天，广大的考生正在认真备考，祝愿所有参加高考的孩子考出好成绩，金榜题名，前程似锦！

夏荷，
我来看你了

2017年4月30日

去年最后一次见到你，
是枯叶残枝傲然挺立，
水中倒影如画：千姿百态，
蕴含着静穆的希冀，
啊，你在默默地期待着来年的新绿……

行云流水，
惠风习习，
时光轮回，
又是夏季。
迎着明媚的朝阳，
夏荷，我来看你了，我来看你了……

你是那样充满生机，
摆脱黑暗，
冲出淤泥。
嫩叶簇拥，
花蕾高举。
嗬，湖水中畅游着一群群红鲤。

与荷叶对视，
与鱼儿唱叙，
一起纯真，
一起美丽……
人生难得草木之心，
草一般清闲，
木一般静气，
莲一般幽深，
水一般飘逸。

无念心无尘，
有莲花自芳，
一花一净土，
一土一菩提。

啊，
就让我痴迷在这诗情画意的世外桃源里，
化作水墨在你叶伞下
采莲、摘藕、欢笑、游弋……

无上荣光

2020年8月10日

为什么泪水湿润眼眶,
因为有你爱心滚烫。
无私奉献时光流淌,
铸就了莘莘学子永远辉煌。

为什么心潮澎湃激荡,
因为有你爱在飞扬。
怀揣梦想扬帆远航,
学海无涯有你们搏击风浪。

啊,老师,无上荣光,
你的名字就像太阳。
驱走阴霾,赶走愚昧,
用知识把头脑武装。

啊,老师,无上荣光,
你的身影就像火塘。
细致体贴,温暖心房,
用爱心把世界照亮。

如梦初醒

2020年8月16日

初秋微凉的风,
就像你捎来的气息。
划过心海的那份情,
至今还停留在心中。

昨天像一场梦,
总是来去那样匆匆。
还未懂得如何深爱,
一切又成往事如风。

有时人生就是这样,
手握幸福却不懂。
当听到远去的钟声,
才如梦初醒。

有时情感特别朦胧,
不知心已有共鸣。
当痛苦冲垮了围城,
才如梦初醒。

秋雨也缠绵

走过了浪漫的夏天，
步入童话的秋天。
天空飘落的雨儿啊，
滴滴答答滋润着心田。

告别了美丽的夏天，
迎来金色的秋天。
放眼雨落的青石板，
颗颗滴滴充满了别恋。

谁说秋天多伤感，
漫卷西风人影怜。
心中有爱，秋意依然，
秋雨连绵也浪漫。

谁说秋天落花残，
鸿雁南飞望长天。
心若如火，秋韵明艳，
秋雨连绵也缠绵。

2020年8月20日

辰山秋莲

秋来莲花阵阵香,
晨风习习天渐凉。
辰山景色何其美,
缕缕金辉落荷塘。

2020年8月24日

莲

2020年8月24日

移步荷塘边,
小风依稀夜缠绵。
斗转星移间,
月下莲花香甜甜,
最是江南风景无限。

抬头仰望天,
神游物外思万千。
伫立池塘边,
多少心田入浮尘,
几人出淤泥而不染?

季节总变换,
品洁身自好。
一世无怨言,
风中摇曳水波间,
不与百花争奇斗艳。

秋叶

2020年8月26日

九月初到迎秋风,
一叶知秋霜染红。
无边落叶萧萧下,
有心摘取藏梦中。

七 夕
咏叹 2020年8月25日

遥望长天，思绪万千，
时光如水，苦恋经年。
一条银河阻隔绝世情缘，
徒令多少人长吁短叹。

王母无情，肝肠寸断，
痴心不改，银河两岸。
两心相悦有情人终相见，
留下多少泪梦里关山。

人生若有执念，
天涯海角咫尺之间。
时光清浅，爱情浓淡，
一纸千言，写不尽旷世爱恋。

我的世界 你曾来过

41

像风儿一样

2020年8月29日

风儿敲打着窗棂,
我的心难以平静。
好羡慕它的自由,
自由地划过那夜空。

喜欢遥远的梦境,
高山流水中穿行。
亲吻美丽的风景,
季节流淌在我眼中。

我要像风儿一样,
像风儿一样深情。
任凭风起的诗潮,
任凭烟雨蒙蒙流过眼睛。

我要像风儿一样,
像风儿一样驰骋。
何惧风雨的人生,
何惧世间坎坷岁月泥泞。

秋天

2020年9月1日

昨晚的风又开始凉了,
树上的叶子又开始落啦。
南飞的燕子又在集结,
秋天的童话穿过月下。

日复一日心有点凉了,
突然没有了从前的牵挂。
也许这样慢慢地平淡,
对谁都挺好的吧。

我的爱走进了秋天,
凌乱的心无法自拔。
我明白真情总要付出代价,
只是心痛的感觉泪如雨下。

我的爱步入了秋天,
跋涉的心还在挣扎。
我清楚爱情总会留下伤疤,
只愿曾经的美好藏在心下。

秋思

2020年9月4日

一袭红衣脱红尘，
微风氤氲绕玉人。
伫立台前多神韵，
芳华太销魂，
海花绝代佳人。

秋将尽，
叶纷纷，
岁月无痕。

注：参与海花女声合唱，穿红色演出礼服在华阳文化活动中心排练时有感而赋诗。

观
杜甫诗有感

2020 年 9 月 7 日

一句一滴泪,一诗一断肠。
人生相聚难,归来鬓如霜。
长叹春秋短,十年两茫茫。
扶手问安好,哽咽语不详。
少年不识愁,衰老返故乡。
观我旧时屋,难寻儿时光。

夕阳情怀

2019 年 10 月 3 日

晚霞点点的天空,
挂着柔柔的夕阳。
明明在大海心里,
却高高挂在天上。

时光的给予 2019年12月6日

时光已经陪我们走了很远，
它就像亲朋好友一样，
让我们常常眷恋。
虽然让我们阅尽了人间百态，
尝遍了所有的酸甜苦辣，
在如水流逝的岁月里，
我们学会了欣赏别人，
懂得了珍惜，
也懂得了牵挂的美丽。

发现芬芳他人也可以愉悦自己，
敬重别人也会赢得别人的尊敬，
时光让我们看清了一些人，
也让我们看透了一些事，
这一切都是时光给予我们的，
时光始终静默着，
一心给予，
不事喧哗，
让人慢慢悟到人生的哲理。

别样年华

2019年11月25日

静静地将心放逐，
感受一份清灵，
风轻，静美，
此时，世界只属于我们自己。

携一缕阳光，
点缀一季嫣然，
静语流年，凝眸时光，
以一种素雅的姿态，
简单着、快乐着，
远离红尘喧嚣，
一朵花开的别样年华。

八分园

2020年9月28日

秋风秋水心自明,
清水清心自清纯。
回眸百年搪瓷史,
展望千年华夏情。
秉承文化新蕴意,
八哥唱醉玉佳人。

注:八分园——中国搪瓷百年搪瓷展览馆。

注意安全
CAUTION DANGER

曾经
有一朵花

2019年11月26日

曾经有一朵花,
我一直不会忘记它,
它的心语,
它的香魂……

我们经历过的那些晨曦和华月,
带着美好的记忆落红而去,
随清风拂过,
玉质冰清流淌于潺潺溪水……

你曾经美丽地来,
又骄傲地走,
留给我的,
都是娇艳,都是美好。

重阳节

2019年10月7日

年年赏菊黄,
岁岁度重阳。
风吟双雁飞,
登高望故乡。

秋雨

2020年9月20日

昨夜的风昨夜的雨，
无法阻挡思念的潮汐。
魂牵梦绕关山万里，
流淌多少思念的泪滴。

秋天的云秋天的水，
最难割舍思念的心绪。
海誓山盟抚今追昔，
一份深情珍藏在心底。

今生梦里只有你，
牵手走过浪漫的四季。
春花秋月的甜蜜，
总是紧紧相偎相依。

今生梦里只有你，
携手共度时光的朝夕。
夏荷冬雪的旖旎，
那是爱的点点滴滴。

真的很美

2019年12月18日

清晨的小镇烟雨蒙蒙,
撑着一把油纸伞,
站在古朴的木屋阳台,
依栏而立,
放眼望去,
重峦叠嶂,
花香依然,
这一刻真的很美。

听鸟儿在枝头叽叽喳喳，
看野鸭在河面瑟瑟地拍打，
小小竹排在眼前吱啊吱啊划过，
载着我们对生活深深的眷恋、
对理想信念不落的情怀，
原来无论时光如何变迁，
无论我在哪里，
还是最初的那个自己。

一切很美，
也许是曾经的一次遇见，
也许是一个故事，
也许是一份心情，
也许是一种感觉，
我爱美的一切，
更爱美的眼睛、
美的心灵。

我喜欢畅想，
也许一切都不是想象中那么美，
人生总是有酸甜苦辣，
风雨会随时降临，
但我一直相信美好无处不在，
幸福触手可及，
只要拥有一颗感恩的心，
一切都会很美很美。

烟雨

2020年7月16日

走过了漫漫长堤，
杨柳依依。
晚风吹乱了思绪，
江南，如同在梦里。

河畔蛙鸣不孤寂，
青苔翠绿。
俯瞰碧波小舟去，
烟雨，总淅淅沥沥。

剪不断一丝一缕，
说不清为何委屈。
爱恨纠葛有悲有喜，
尽在一层烟雨。

理还乱一点一滴，
道不明伤感别离。
红尘牵绊如诉如泣，
散落一地烟雨。

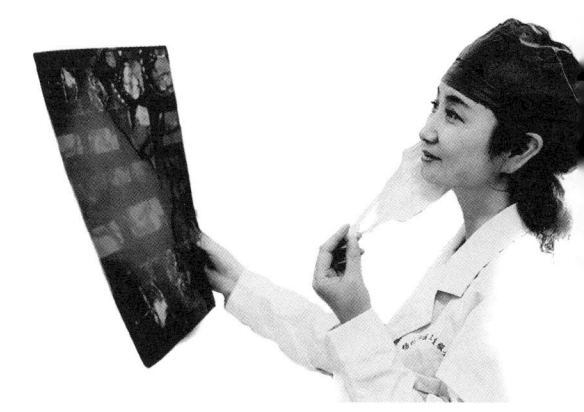

我的世界你曾来过

辑二 永远的军魂

永远的军魂

2020年7月10日

放眼东西南北,
集合兄弟姐妹。
一身军装,一方山水,
一列方队,一座堡垒。
我的诗社我的情,
红色传承壮群威。
我不认识你是谁,
你也不认识我是谁,
千里诗,飞毛腿,
铁血丹心,嘿嘿!无惧无畏!

魂牵日月光辉,
梦系云水风雷。
一个英雄,一面旗帜,
一段历史,一座丰碑。
一切行动听指挥,
为家为国为人类。
天也知道你是谁,
地也知道我是谁,
将之诚,兵之最,
铜墙铁壁,嘿嘿!坚不可摧!

注:本诗为1212诗社建军93周年专题诗会"我的军营我的情"作品。

我的世界 你曾来过

61

挺住,武汉

2020年1月26日

当阴霾遮挡了阳光,
不要忐忑不要彷徨,
团结一致,众志成城,
黑暗终究抵挡不住太阳。

当生命遇到了风霜,
不要害怕不要恐慌,
万众一心,凝聚大爱,
没什么可以把我们阻挡。

挺住,武汉!
加油,中国!
坚定信心挺起胸膛,
爱就是钢铁长城,
华夏神州永远屹立东方。

永不后退

2020年1月29日

日夜兼程风险无畏,
脚步匆匆不会喊累,
痛苦中看见你的身影,
眼泪萦绕在我的心扉。

不知道你是谁,
却知道你为了谁,
白色的身影光辉,
让我看见了你的美。

别问我是谁,
我是你的兄弟姐妹,
为了保护人民,
我们挥洒汗水。

别问我是谁,
我们都是兄弟姐妹,
为了祖国安危,
我们永不后退。

好久不见

2020年2月1日

朋友们
好久不见了,
我相信,
快乐的日子就要来临,
花儿会再次盛开,
鸟儿在枝头吱吱喳喳,
弄堂里传来孩子们嬉笑的声音,
大街小巷再次人声鼎沸,
我们会摘下口罩,
呼吸大自然清新的空气,
去自己想去的地方,
做自己想做的事情,
到那时,
我们更加懂得了珍惜,
只有善待一切,
才能拥有幸福的日子。

院士的泪

2020年1月30日

你为什么流泪,
我知道你想的是谁,
在你坚毅的目光里,
爱得是那么深邃。

你为什么流泪,
你从不感觉很累,
只要人民有需要时,
粉身碎骨也无所谓。

迎着危险你总是无畏,
面对疫情你无法入睡,
要让病人健康回家,
要给祖国最好的回馈。

正月初九

2020年2月1日

正月初九，
读诗两首，
一首感恩，
一首问候。
感谢医护，
问候病友，
拐点在望，
胜利前奏。

正月初九，
放歌两首，
一首抒情，
一首奋斗，
抒情祖国，
跟着党走，
抒情人民，
昂着头走。

春天
终将到来

2020年2月3日

春天就要到来,
冬天终将过去,
回忆如花一样绽放,
温暖融进心里。

过去的那些日子,
我们收获了太多,
艺术的不断创新,
团队的和谐一致。

因为疫情的发生,
阻挡了我们的相聚,
也正是因为疫情的发生,
让我们增添了爱的力量。

你献出一份爱,
我捧上一颗心,
天南地北没有了距离,
只有一份浓浓的情意。

一方有难八方支援,
汇成铿锵的心语,
每一个中华民族的儿女,
都让我们感动得洒落泪滴。

白衣天使无所畏惧，
勇于舍生忘死奔赴武汉，
人民军队那伟岸的身躯，
让我们心中有了底气。
各行各业都在尽自己所能，
为了打赢这场阻击战，
争分夺秒只争朝夕，
爱在每个人的心底。

春天终将到来，
冬天终将过去，
送走这个冬天的时候，
我们也将驱走瘟疫。

灿烂的阳光下，
我们更加从容自信，
是爱让我们战胜一切，
是爱让世界更加美丽。

有难
我们一起扛

2020年2月3日

这里是没有硝烟的战场,
病魔却肆意疯狂。
这里没有战斗的刀枪,
但有白衣天使的奔忙。
不要忐忑不要彷徨,
黑暗终究抵不过太阳。

这里是遥远的江汉一方,
但我心系安危为你着想。
你的痛苦让我们一起分享,
不要害怕不要恐慌。
没有什么可以把我们阻挡,
让集体的力量为你守护坚强。

别怕,有难我们一起扛,
我们的靠山是人民和党。
团结一致就是伟大的力量,
坚定信心挺起胸膛。
万众一心托起明天的太阳,
明天的中国将更加富强。

(独唱歌词)

有难
我们一起扛

2020年2月4日

凶恶的病魔在肆意猖狂，
我们的亲人被侵害伤亡。
不要后退不要恐慌，
让我们手挽手走向战场。

白衣天使奋战在前方，
勇敢面对病魔的游荡。
不怕艰难不怕牺牲，
用自己的身躯将死神阻挡。

我们的靠山是人民和党，
步调一致就是强大的力量。
坚定信念挺起胸膛，
万众一心迎接胜利的曙光。

有难我们一起扛，
病毒我们一起防。
黑云终究遮不住太阳，
明天的中国更加辉煌。

（合唱歌词）

美丽的
瞬间

2020年2月6日

泪水模糊了视线,
多么感动的瞬间。
白色防护服那坚定的背影,
就像天使降临人间。

没有说什么豪言,
义无反顾来到我的身边。
看不清你那憔悴的面容,
捧着一个美好心愿。

如果爱值得思念,
我会记住感动瞬间。
不管时光如何变迁,
你的眼神依然温暖。

如果爱值得怀念,
我会留住美丽瞬间。
不管岁月如何流转,
你的背影依旧伟岸。

想和你说句话

2020年2月8日

寒风中我远远地看见你,
戴着口罩坚守在大门口,
雨雪淋湿了你的衣裳,
责任担当在你的心里。

外面的寒冷让你瑟瑟发抖,
你们的防控却温暖了这个冬天,
因为有你们的严格把关,
我们的小区才会那么平安。

想和你说句话,
记得保护好自己,
跺跺脚,喝口水,
多给家里捎话报平安。

还想让你多添一件衣服,
抵御那透骨的风寒,
再想由衷地说一句:
辛苦了,社区保安!

注:致敬坚守小区岗位上的保安们。

我们是军人

2020年2月19日

亲爱的父母,告别你
不是我们太过狠心,不懂亲情,
因为我们是军人,
在没有硝烟的战斗里,
我们要不怕危险担起重任。

可爱的家乡,离开你
不是我们太过冰冷,没有柔情,
因为我们是军人,
在疫情来临的这一刻,
我们要迎着危险发起冲锋。

为了战胜疫情,我要去
时间就是生命,不能等,
当樱花雨飘落的时候,
你会看到我们灿烂的笑容。

我的世界你曾来过
75

疫情无情人有情

2020年2月10日

疫情面前争请战,
守护华阳献温暖。
排查管控阻疫情,
共克时艰心相连。

略尽绵力何须言,
梨花绽放有春天。
疫情无情人有情,
大爱无疆一肩担。

注:写给长宁区华阳社区干部们。

战地恋人

2020年2月18日

美丽的眼睛啊望啊望,
相逢在 ICU 的走道边,
玻璃墙 人相隔 泪难掩,
想吻你 小颖颖。

高大的身影啊看啊看,
人憔悴心坚强话思念,
听得见 暖暖话 心儿跳,
想抱你 亲爱的。

望着你 抹着泪 慢慢转身去,
挥着手 笑着脸 相约凯旋夜。
到那时满天星星亮,
婚礼不延期,
不延期。

注:这是一个真实的爱情故事,护士陈颖与男友10天后的见面,隔着玻璃,是欣喜,是激动,是温暖,是深情;更是心疼,是不舍,是安慰,是鼓舞……
当爱情遇上疫情,隔离病毒不隔离爱!愿早日春暖花开,相爱的人都能尽情相拥。

78

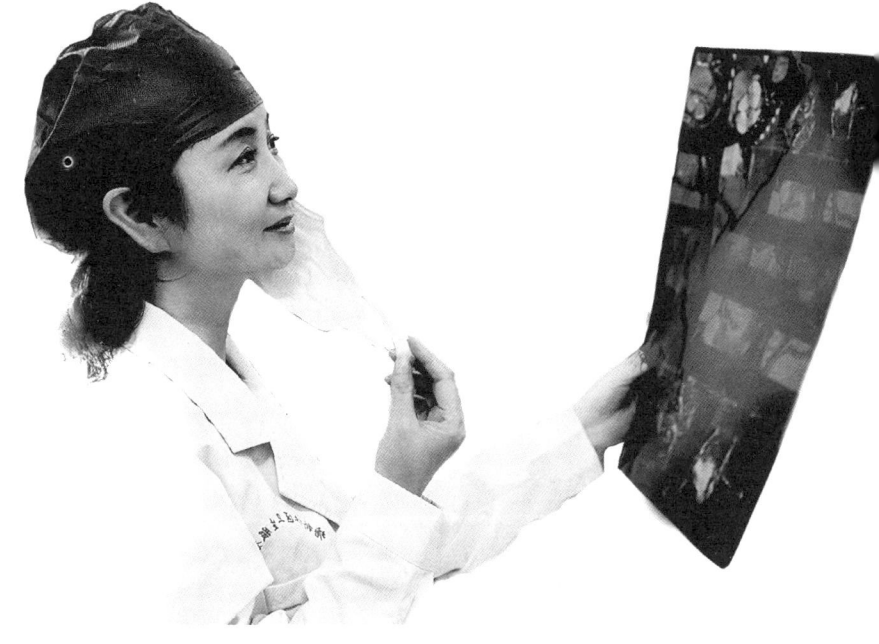

生命的
坚守

2020年2月28日

当疫情来临的时候,
我们没有犹豫摇头。
医院的灯光闪烁,
是我们与时间赛跑的喘声。

当片刻休息的时候,
我们没有时间回首。
衣背的汗水湿透,
是我们与死神抗争的坚守。

对每个生命的敬畏,
白衣战士用爱坚守。
我们都有父母和儿女,
一样的爱我们同携手。

对每个求助的目光,
白衣战士用心接收。
我们都有伙伴和朋友,
一样的痛我们同忍受。

我们是医生、是军人、是战士,
我们是你们身边永远的坚守。

上海力量

2020年2月25日

花儿盛开鸟儿鸣唱,
我们享受明媚春光。
久违的笑容回到从前,
感恩的心灵平安飞翔。

桃红柳绿一缕暖阳,
和煦春风醉在心房。
明珠塔高耸传来捷报,
复工的上海活力景象。

走出家门拥抱春天,
快乐工作保增长。
疫情防控铜墙铁壁,
党中央英明决策指引航向。

走出阴霾回归生活,
坚定信念圆梦想。
团结一心复工复产,
总书记带领我们扬帆远航。

我会飞翔

2020年3月2日

夜已深深,
灯儿亮堂堂,
拉杆箱箱,
宝贝都往里面装。
我躲在被窝窝,
悄悄地都听到,
妈妈要出发去武汉汉,
外婆不舍哭痛肠。

天已飘雨,
淋湿飞机场,
排着队队,
医生再把军歌唱。
我拉住衣角角,
哭哭地张开手,
妈妈要出发去武汉汉,
爸爸不舍轻轻讲。

我会飞翔拨云穿,
我会乖乖听话话,
学会做饭熬汤汤,
等着妈妈回来尝。

注:写给抗疫医护人员孩子的歌。

落雨如珠

2020年3月14日

当剪刀裁去你秀美的长发,
武汉正在下雨,
你一咬牙,
没有让泪掉下来。

哪有女人不爱美,
你明白疫情战的残酷,
只有生死,
没有性别。

落雨如珠,
敲出韵律的诗句,
你微笑的脸庞在朦胧中走来,
又在朦胧中离去,

我泪眼迷离,
拿一根线,
将散落的珠子穿起,
做成项链,或是念"珠"。

注:病毒逐渐消退,方舱关闭,疫情就要结束了,但有的人再也无法与亲人团聚了。

我庆幸在中国，
当疫情来临我不用忐忑，
有一批批白衣战士逆向前行，
有一批批军人阻击战中面不改色。

我庆幸在中国，
当灾难来临我不会退缩，
有一批批奋不顾身的党员，
有全国人民团结一致的守护。

每一个人都很弱小，
就像沧海一粟，
当我们万众一心，
就会迸发出熊熊燃烧的烈火。

每一个生命都很宝贵，
值得我们珍惜并全力以赴，
哪怕最后一分一秒，
也要拯救抢夺。

因为有爱，
因为我们拥有一个强大的祖国，
中华儿女，亿万炎黄子孙，
才会更加从容不迫。

因为有信念，
因为拥有一个有担当的祖国，
神州大地，五千年华夏文明，
才会这样魅力四射。

等
你归来

2020年3月18日

白云悠悠飘过眼前，
你的身影总是浮现。
虽然相隔千里之外，
一份挚爱怎会改变。

蜡梅朵朵开在严寒，
你的脸上印痕布满。
多少疼爱在我心间，
两行热泪夺眶而来。

等着你，我的爱人，
勇敢的白衣天使，
多少个日日夜夜，
把你思念，祝你平安凯旋。

归来吧，我的爱人，
美丽的白衣天使，
多少个日日夜夜把你期盼，
一起拥抱春天。

送别

2020年3月22日

抗击疫情你们义无反顾,
返回家园你们无语凝噎。
武汉樱花开放时节,
英雄告别踏上返乡的列车。

来到武汉天空正在飘雪,
撤离武汉樱花绽放满街。
眼含泪水相拥话别,
英雄的城市见证英雄本色。

再见啦,亲爱的战友,
再见啦,亲爱的姐妹弟兄,
多少个日日夜夜我们一起度过,
谱写了中国人民大爱无疆的赞歌。

再见啦,亲爱的战友,
再见啦,亲爱的姐妹弟兄,
多少个日日夜夜我们一起守护,
书写了华夏儿女战天斗地的赞歌。

86

樱花美，
白衣天使更美

2020年4月7日

武大的樱花那么美，
黄鹤楼的灯火让人醉，
即将离开的那一刻，
微笑的脸上流着泪，
脸上流着泪。

脱下口罩看见你的美，
脸上的印痕还是没有退，
春风轻轻吻过你的脸，
轻松的心灵甩走疲惫，
甩走疲惫。

擦干眼泪忘记了苦和累，
临别时拥抱挥挥手
不舍得回。

樱花美，樱花美，
白衣天使更美。
樱花美，樱花美，
白衣天使更美。

静静地离开

2020年4月8日

你静静地来,
又静静地走开,
没有太多的话语,
只留下一份真爱。

你悄悄地走,
就像当初的来,
没有太多的豪言,
却留下人生豪迈。

武汉的樱花正盛开,
你无暇去采摘,
匆匆离别的脚步,
家人也在把你等待。

齐鲁儿女胸有情怀,
大爱涌动心海,
匆匆离别的身影,
太多心事还未表白。

注：4月7日零时，湖北省卫生健康委网站发布消息，山东省第一批援鄂医疗队员、山东大学齐鲁医院呼吸与危重症医学科主管护师张静静，在结束援鄂任务、回到山东、按规定集中隔离医学观察期满、即将返回家中时，突发心脏骤停，经全力救治无效，于2020年4月6日18时58分不幸逝世，她为武汉抗疫付出33岁宝贵的生命，留下远在非洲执行支援任务的爱人，留下她如幼苗一般4岁的孩子。

粗茶淡饭亦一天，
只要身体健康人平安，
不求富贵在天，
但愿人长久，月下共团圆。

富贵贫穷亦一天，
只要吃喝不愁国泰安，
不求洪福齐天，
但愿国运盛，心中常挂牵。

岁月可以把一切冲淡，
昨天的花前月下，
不过是明天的过眼云烟，
唯有矫健才是美满。

时间可以把一切改变，
昨天的纵横江山，
不过是明天的白发鬓边，
唯有健康才大于天。

健康大于天

2020年4月10日

给父亲
一个拥抱

2020年6月21日

父亲的宽容,
父亲的大度,
包揽了一切,
却从未计较过什么。

父亲曾经是一名老兵,
经历了三十多年的戎马生涯后转业,
为地方经济建设呕心沥血直至离休,
他一直教育我们要保持高昂的激情,
奋进的思维,向上的状态,
牢记使命,砥砺前行,
要为党和国家奋斗终生。

父亲虽然不能再说话,
但我每次回家时,
他就乐得像个孩子。
在父亲节的今天,

我的世界 你曾来过

91

父亲在医院要插胃管了,
他已经双目失明不能进食,
他躺在病床上却神态安然,
仍然像一名战士,
他一辈子都不想让人为他担心。

91岁的父亲已经老了,
有一天他可能会忘了自己,
但我知道他永远不会忘记爱我。
我要给父亲一个拥抱,
告诉他我爱他,
也会担起传承红色基因的使命。

忠诚的
战士

2020年7月1日

那一年,
父亲抱着小小的我,
教我唱,
党啊我亲爱的妈妈。

那一年,
父亲拉着我小小的手
给我讲,
南湖红船灯火的故事。

那一年,
父亲翻开书本的一页,
让我认知,
国旗党旗军旗像火一样鲜红的来历。

注:献给党的99周年华诞。

那一年,
父亲告诉我们,
他把自己的生日也定在了 7 月 1 日,
要孩子们永远记住这个日子。

今天是建党 99 周年华诞,
91 岁的父亲躺在医院已经半个月了,
今天却坚强地坐了起来,
握紧了拳头庄严地举起具有使命的手臂。

从抗战硝烟中走来的 70 年党龄的老父亲,
永远忠于人民忠于党,
他仍然要保持坚定的信念,
让自己成为党最忠诚的战士。

负重前行

2020年6月19日

为什么生活中有太多感动,
因为有人为我们冲锋陷阵。
哪来的锦瑟年华一路顺风,
太多人用热血和生命筑成。

为什么眼睛里有泪光闪动,
因为有人为我们舍生忘死。
他们也是血肉之躯的生命,
他们也有父母儿女的亲情。

不是不懂爱的缠绵啊,
只为托起生命的彩虹。
家国责任泰山重,
奉上满腔赤子之情。

不是不懂生的可贵啊,
只为捍卫祖国的安宁。
山河无恙花盛开,
只因有你负重前行。

注:致敬各个岗位上的无名英雄们。

我爱你，
伟大的党

2020年7月20日

走过的路我们都知道，
担当的事我们都记得。
时光走过一百年风雨啊，
让中国巨龙屹立在世界。

一百年前的上下求索，
一百年间的努力开拓。
背负着民族期望的党啊，
让世界看到前进的中国。

我爱你，伟大的党，
高举旗帜走向灿烂辉煌。
我爱你，伟大的党，
奏响强国富民华美乐章。

我爱你，伟大的党，
不忘初心一路播撒阳光。
我爱你，伟大的党，
实现华夏盛世复兴梦想。

注：写在中国共产党成立100周年前夕。

　　一年一度的八一建军节又到来了，91岁的父亲今天要在医院老干部病房里度过了，记得有一天父亲告诉我，革命胜利凯旋的这一天，他看到"欢迎凯旋归来的战士"的横幅标语，好多的人在欢呼，和着噼里啪啦的鞭炮声，父亲却大颗的泪水往外涌，泣不成声，他的好多战友没有能和他一起回来啊，都是才十七八岁的孩子，他们的父母还在人群中翘首期盼……他无法克制自己的情绪，哭喊着战友的名字：赵山东、李光亮、王勇敢、罗解放……我们一起参军，一起扛过枪，解放了，你们的魂灵回来了吗？……他无法忘记那些冒着硝烟的军装上浸透着战士鲜红的血液啊……

　　今天，父亲，一个七十年党龄的老兵，艰难而庄重地抬起沧桑的手臂，向八一军旗敬了个礼："老兵归来，向您报到！"……

　　军旗，迎风招展，打开八月，请让父亲入列！请让我入列！请让我们入列！

八一感怀

2020年8月1日

泰山耸立黄河流,
古月依然照神州。
营盘变迁已渐远,
一生情结记心头。

历代英烈多壮志,
父辈喋血为国酬。
固我江山不退后,
豪迈高歌朝前走。

中国军魂

2020年7月28日

岁月里送走流水年轮,
大渡河奔腾着历史回声。
炮火硝烟筑成了钢铁长城,
忠肝义胆浇铸了满腔热忱。
有雪山草地做证,
有长江黄河做证。
英雄的战歌唱响着义勇赤诚,
神州军魂啊就是那巍巍昆仑。

军号中迎来旭日东升,
战火里回旋着时代心声。
风霜雪雨炼就了绿色方阵,
热血汗水洒透了军旅人生。
有延安宝塔做证,
有南海西沙做证。
飘扬的旗帜书写着勇敢忠诚,
神州军魂啊就是那莽莽昆仑。

海韵

2019年10月1日

这是一片蔚蓝蔚蓝的大海，
这是一段听也听不够的歌，
这是一首唱也唱不尽的祖国颂，
我依偎在大海的怀抱里，
仿佛变成一朵海浪花。

我的心随着海水波澜起伏，
浪花飞溅一直在拍打着岸石，
碧水青山奏响了
中华民族奋进新时代的主旋律，
祝福我们伟大的祖国繁荣富强。

党旗在心

2020年4月12日

忽如一夜春风来，
千树万树桃花开。
一场疫情虽暴发，
桃花依旧笑春风。

笑春风，
人温暖，
三军战士武汉归，
党旗飘扬万年春。

疫重情深

2020年8月22日

——"抗疫颂歌"华阳朗诵大赛有感

昂首看,五星红旗飘扬蓝天,
侧耳听,雄壮国歌响彻耳畔。
新时代,颗颗红心凝聚在一起,
华阳兄弟姐妹露出温馨的笑脸。

抗击疫情的声浪震撼五洲四海,
大爱的画卷铺满万水千山。
回首每次活动,我为你们无比骄傲,
华阳追梦的脚步一直奔向前。

抬眼看,白鸽悠然飞过云天,
凝神听,百人百诵震动心田。
新征程,双双手臂相挽在一起,
华阳兄弟姐妹编织最美的祈愿。

绵绵的秋雨沐浴塞北江南,
强盛的丝路联结百姓家园。
邀约未来,我们无比自信,
疫重情深迎接胜利的到来。

盛世中国　壮哉中华

2019年10月1日

70年，风雨兼程，
70年，壮丽辉煌，
70年，春华秋实。
今天四处都洋溢着喜庆的气息，
我们迎来了祖国的70华诞。

祖国啊母亲，
因为有你，
我们无所畏惧；
也因为有你，
我们信念坚定。

你用70年的沉淀，
铸就了今天的辉煌。
我爱你，中国，
让我们携手同行，
一起祝愿伟大的祖国繁荣富强！

初心唤使命

2019年10月5日

黄浦江畔夜阑珊,
灯光射,庆华诞。
挥动红旗国歌唱,
敬仰英雄代代传。

南昌起义枪声响,
工农兵,力量强。
星火燎原揭杆起,
朱毛挥师上井岗。

根据地建武装,
子弟兵,铁纪律。
农村包围大城市,
餐风露宿过湘江。

二万五千长征路，
过草地，爬雪山。
九死一生烂泥地，
亘古开世堪绝唱。

遵义会议放光芒，
毛委员，指航向。
抗倭驱蒋夺胜利，
天安门上现曙光。

十月一日永难忘，
初心在，使命唤。
强军富国永担当，
华夏崛起创辉煌。

注：礼赞新中国 70 华诞。

爱的臂膀

2020年10月6日

总是默默想起你的模样,
幸福甜蜜在心海里荡漾。
我喜欢依靠在你的肩上,
让爱的暖流在心海激荡。

家国责任你又离家远航,
雄壮军歌在征途中回响。
想到你紧握手中的钢枪,
让情的依恋随歌声飘扬。

为了你,为了家,
我愿选择把责任担当。
用我爱的臂膀,
为家遮风挡雨,阻挡寒凉。

为了你,为了家,
我愿忍受着寂寞时光。
用我爱的臂膀,
呵护我们的爱,永远滚烫。

辑三
滋润了爱

我的世界你曾来过

滋润了

爱 2020年2月14日

在最无奈的时候,
遇见了你,
那一次心灵的邂逅,
注定了不朽的爱。

奋发努力的日子,
真的好精彩,
懂得了生命的追求,
滋润了心中的爱。

谢谢你的爱,
挥去飘落的尘埃,
把最纯净的心给了我,
甜蜜快乐萦绕在心海。

谢谢你的爱,
奏响生命的天籁。
用最美好的时光相伴,
依偎在花绽放的未来。

心中的
暖意

2019年12月20日

生命中发现,
要和阳光的人一起,
前行的路上相伴相依,
遇到困难的时候,
彼此也不会放弃。

旅途中的相遇,
有些人走着走着就远了,
总会有一个人记住你,
就像风记住,
一朵花的美丽。

人与人之间的关系,
靠多交流的方式,
总有一种友情,
是不须用语言,
看着眼睛就懂的知己。

感谢我的世界里,
一直有你,
唯有爱最值得珍惜,
你的鼓励,
激起我心中的涟漪。

感谢你的无私,
风雨中的扶持,
感谢陪我努力,
让生活更加的多姿。

当时光老去,
当你我老了,
很多事情都没了记忆,
依然记得我们曾一起拥有的暖意。

相 遇

2020年2月21日

多少次梦里神游,
相遇在春的街头。
望着熟悉的脸庞,
热泪在我心里流。

虽然是多年以后,
真情却一直保留。
你那深情的眼睛,
依然是那么温柔。

生命如歌般长悠,
花开不惧那花落。
我用沂蒙的泉水,
浇灌南国的红豆。

穿过泪的念的不眠之夜,
越过笑的唱的高山流水,
且待最美五月天,
鲜花盛开黄鹤楼。

心念

2020年1月23日

诗情画意随心念,
乐在其中自悠闲。
造物万千皆有情,
孕得美意在心田。

同在
蓝天下

2020年2月23日

山川异域我们心手相连,
风月同天我们咫尺之间。
疫情冰冷爱心温暖,
岂能阻挡地北天南。

灾难来临我们不惧困难,
互相扶持我们彼此牵念。
伸出援手寒冬变暖,
大爱无疆驱走严寒。

我们同在一个蓝天下
肤色不同情相连。
人人都伸出温暖的手,
世界和平人民平安。

我们同在一个地球村,
语言不同爱相同。
人人都献出真诚的爱,
五洲四海天更蔚蓝。

注:献给相互支援的世界各国。

爱情流星雨

2020年3月7日

如果爱恋就像流星雨,
也会划过暖暖的气息。
不需要太多的诺言,
一刹那就是一次奇遇。

如果情缘就像流星雨,
也会留下童话的回忆。
不需要太多的感慨,
一瞬间就是一次别离。

流星雨流星雨,
望着天啊数星星,
数到你被我感动,
轻轻落回我梦里。

流星雨流星雨,
仰着脸啊傻傻等,
等到你为我而来,
流星蘸泪再相依。

我的世界你曾来过

时光打碎记忆的落寞,
再多的泪水也已干涸,
曾经的那份卿卿我我,
留下了回味很多很多。

玫瑰花瓣已随风谢落,
空留着一份心灵折磨,
云追着云呀依依难舍,
留下了照片很多很多。

我的世界你曾来过,
邂逅过,甜蜜过,
到最后的最后,
只剩下回忆了。

我的世界你曾来过,
相遇了,分开了,
到永远的永远,
心随你而去了。

牧民情歌

2020年4月3日

晨风吹过苍鹰的山崖,
草原开遍格桑花。
啊哈嗨套马杆传来长调歌,
马头琴声,追逐牧民神话。
喝一碗马奶酒遥望故乡,
扬鞭那达慕豪迈潇洒。

晚霞映红黄莺的河洼,
草滩绽放蔷薇花。
啊哈嗨甩羊鞭跳着安代舞,
七色彩裙,转响敖包情话。
煮一壶羊奶茶盼回家乡,
莫日格勒河清澈如画。

啊哈嗨,粗犷的阿哈火辣辣,
白云下献上圣洁的哈达。

啊哈嗨,美丽的乌很度热辣辣,
碧草中戴上吉祥的哈达。

注:蒙古语称呼哥哥——阿哈,蒙古语称呼妹妹——乌很度。

清明思念

2020年4月4日

星转，
月移，
又逢清明，
心潮难平，
几多蘸泪的文字，
在此刻沸腾。

风吹，
雨沥，
纷沓的脚步，
朝向母亲的墓地，
一捧鲜花，
把思念倾诉，
几沓纸钱，
将心绪燃烧。

追思，
心痛，
在叩首的祈愿间，
释怀心中的悲伤，
且让这份深情，
化作芳草，
绵延天际。

留住
美好的瞬间

2020年4月14日

雨后的静安雕塑公园,
微风吹来,
缕缕的清香飘散,
我踩着轻盈的脚步,
让茵茵碧草沁入心房,
阳光揽着春风的腰肢,
照着水光潋滟,
春天又在闪耀光亮。

姿态迥异的雕塑,
让公园艳丽而不失优雅,
十里春风不如你,
我和祖国在一起,
爱在心里,
扛起生命的担当,
按下快门键,
留住美好的瞬间。

我轻轻地
捧起你

2020年5月7日晨

我轻轻地捧起你,
沾满泪珠的脸庞。
就像捧着一支流泪的红烛,
照亮我前行的方向。

我多么想长成柳,
守护在你的身旁。
看你在微风中款款地点头,
弥漫着芬芳的花香。

你是雨水凝聚洁净无瑕,
你有境幻仙苑醉人芳华。
柳映花暖,你身姿晶莹剔透,
花倚柳醉,我独守情意无价。

注:今天早晨出门健身跑步,看到一朵沾满露珠的鲜花,这是一株怎样的花啊,红得让人热血沸腾,我不禁久久地凝视她……

暖暖的风吹拂你的长发,
碧绿的草儿才发芽。
空气中弥漫醉人的花香,
我们漫步在蓝天白云下。

最喜欢天边醉人的晚霞,
牧歌声声牧人回家。
炊烟袅袅牛羊都已吃饱,
毡房里飘散着香甜奶茶。

陪你一起看草原,
感受着最浪漫的时光。
心在那一刻放空,
整个世界都太安静啊。

陪你一起看草原,
书写属于我们的诗画。
心灵没有了羁绊,
我们的爱多么纯净啊。

**陪你
一起看草原** 2020年4月21日

我的世界 你曾来过
125

爱的日子，心存阳光

2020年5月20日

初夏芬芳，
爱的日子，
心盛阳光。
静静地倚在季节的转角，
依着笔尖曼妙的馨香，
任那真情，
在心间结出一朵一朵温柔的暖。

遇见你，
是那么妙不可言，
我倾尽真诚，
与你换取这一世
最美的相遇。

从此，
所有的日子，
都弥漫着幸福的香。
所有的岁月，
都溢满了牵挂的暖。

古朴的风，
细若游丝，
轻轻柔过我的脸。
淳厚的情，
似静静的溪流，
流入我的心间。

岁月，
在花溢芬芳中温暖，
在风雨后的片红中落感。
一眉温婉，
一抹柔情，
注入心中的依然是
柔柔的不舍和绵绵的眷恋。

唯愿，
爱的路上一直有你有我，
赏一路美景，
踏一路芬芳，
相依相伴，
幸福绵长。

同窗的你

2020年5月13日

总是回忆故乡的路,
总是怅望儿时的老屋。
那里留下太多情愫,
往事如烟就在昨天。

总是回忆故乡的树,
总是想着儿时的小河。
那里有我同窗伙伴,
同桌的你可曾记住。

童年的歌谣唱在耳边,
嬉闹的画面不曾模糊。
只是岁月无法回去,
一幕一幕记忆深处。

熟悉的乡音感触太多,
问候的关怀尽情倾诉。
青春岁月青涩眷恋,
朝朝暮暮藏着关注。

我的世界 你曾来过

生命
是否可以重来

2020年5月22日

西边的太阳落山了，
明天还可以升起来。
今年的花儿开过了，
明年还可以去期待。

甜蜜的爱情失去了，
下次还可能遇真爱。
只有那时间溜走了，
那就真的无法主宰。

生命是否可以重来，
让人生少一点无奈。
把最不该错过的情，
重新开始，好好去爱。

生命是否可以重来，
让心灵再不用徘徊。
把最不该错过的事，
重新安排，不用期待。

墨韵

夕阳落尽霞未晚，
彤云漫步天做岸。
疑似泼墨描锦绣，
剪影如烟清波前。

2020年5月26日

请多珍重

2020年6月27日

星儿夜空低垂,
心绪随风纷飞。
你的优雅你的美,
心中默默回味。

回忆让人沉醉,
离别也很凄美。
多少甜蜜多少泪,
只能掩藏心扉。

甩甩头不再伤悲,
时间不能再回。
说一声请多珍重,
往事啊,干杯,干杯

挥挥手擦干泪水,
日子不能荒废。
说一声今生无悔,
往事啊,干杯,干杯玫瑰。

注:这首歌词献给那些曾经从风雨中一起走来的恋人,他们因各种原因而分开,是到了该对自己说珍重的时候了。

遇见丝享荟

2020年7月9日

在人生的时光里,
深藏着一个人文的故事,
铭刻下一个温润的瞬间,
梧桐叶轻轻摇响着的
是一首岁月的歌。
丰盈了我们感悟的一生。

我静静驻足在这恬静的丝享荟,
满满的都是温馨和甜蜜,
轻执一条柔软的丝巾,
将一抹优雅,
一缕馨香,
与心灵缓缓交融……

那心底溢出的淡淡的安暖,
温柔地摄入镜头之中,
精心地铭刻在流年经转的时光回廊,
静静地收藏。
不论何时念起,
依旧会安暖如初……

注:今天应邀来到长宁区武夷路丝享荟。丝享荟是一家丝绸时尚艺术馆,坐落于上海市长宁区梧桐小道武夷路上,核心产品为丝绸文创配饰,从女士丝巾、围巾、披肩、旗袍、男士领带、领结、口袋巾、围巾,到桌旗、抱枕等家居软装配饰。

我的世界你曾来过

坐在安静的图书馆，
你的笑容如花灿烂。
每次抬头看见你的脸，
我的心总是特别慌乱。

总是故意坐在对面，
喜欢看你嫣红笑颜。
目光交汇的那个瞬间，
脑子里全是痴心杂念。

虽然我们的爱短暂，
却难以忘怀昨天。
总是偷偷把你想念，
回味着我们的初见。

虽然我们的爱已走远，
却牵绊那份情感。
一个人默默地伤感，
好想回到那个从前。

初恋

2020年7月12日

美好的
问候

<small>2020年7月11日晨于桃咏农庄</small>

鸟儿可以尽情欢唱,
对它来说就是快乐的;
星儿可以伴着明月,
对它来说就是幸福的;
而我可以在今天这个雨后的清晨,
在美丽的桃咏农庄,
给你送去问候,
那就是最美好的……

岁月的颜色,
在光阴的交会中浓浓淡淡,
恰似一道梦幻,醉了,醒了;
生命如流水如过眼云烟,
来了,去了……
光阴的记忆流流转转,
沉沉淀淀,
总有一种不同的美永恒地置入心底……

爱上
2020年7月14日

天上的云邂逅月,
那是追随的不舍。
地上的你遇到我,
从此为你着了魔。

多少次夜不能寐,
多少次时光流逝。
花前月下梦难圆,
甘愿一人独寂寞。

爱上你不是我的错,
一见倾心才难以忘却。
为伊消得人憔悴,
情愿等到花开花落。

爱上你不是我的错,
不怪命运多舛的折磨。
红尘情路两相守,
痴心不改修来正果。

你的模样

2020年7月19日

看见你的模样,
心在爱中飞翔。
总是默默想象,
牵手走过四季芬芳。

寻觅伊人霓裳,
天真烂漫非常。
你的温柔端庄,
相思如雨丝丝柔肠。

一心一意想爱一场,
虽然知道不可想象。
倾尽心力挽留时光,
痴心不悔相约守望。

爱
相拥

2020年7月27日

人生总有一种感情,
绚丽灿烂美如彩虹。
因为有你的出现,
邂逅相遇不同风景。

耳边总有一份叮咛,
甜蜜温馨而又不同。
因为有你的爱在,
莫名其妙感动一生。

谢谢你的到来,
让我对未来不断憧憬。
与你同行与爱相拥,
我的心别有一番感动。

谢谢你的深情,
让我感觉就像一场梦。
与你同在与爱相拥,
我的心总有一种牵动。

心飞翔的
地方

2020年7月30日

青青的草地,洁白的毡房,
我又站在梦中的草原上。
额吉的奶茶还那么醇香,
马头琴的低沉旷古悠扬。

遍地的牛羊,百花吐芬芳,
花香鸟语浸润了我心房。
套马的阿哥纵马在远方,
晚霞的余晖映红了姑娘。

喝一杯马奶酒醉一场,
任豪情万丈,
抬头仰望那雄鹰在飞翔,
草原啊,你让我的爱尽情释放。

跳一曲安代舞醉一场,
任激情满腔,
跺脚踏步那彩巾在飘荡。
草原啊,你让我的心永远奔放。

浦江秋月

2019年10月12日

浦江,凉爽的风,
黄昏,淡淡的影。
秋天从来不缺乏诗意,
满地的落黄,
恋恋不舍地轻语呢喃。
岁月的心语,
在秋红处轻轻吟唱……

在季节的转角里,
看那盛夏已经卸了媚妆,
秋天披上了金色霞光,
来吧,10月27日,
在东方明珠熠熠生辉的地方,
与您分享"月光如水"的曼妙时刻,
我们一起登上"玛丽号"游艇。

当汽笛响起,
波涛拍打着上海,
我们与整个世界一起澎湃呼吸,
把轻松种进单纯的心田,
将快乐播洒在简单的生活里,
把记忆写进生命的诗行,
把善良放进灵魂的渡口旁。

月光下的黄浦江,
牵起了你和我,
水波映衬诗绪万千,
诗情画意如水一般的清纯洁净,
如水一般的绵绵不绝,
如水一般的滚滚向前,
驶向音乐、诗歌与远方。

亲亲山沟沟

2020年8月4日

吼一声信天游，
山坡坡那个情悠悠。
舀碗家乡米黄酒，
醉在咱心头。

亲不够黄土地，
一道道水一道道沟。
宝塔山下延河水，
千年不息流。

翻过千沟万壑，
黄土地情浓厚。
纯朴的乡亲醇醇的酒，
西北风一年又一年。
吹不走那信天游，
梁家河村磨盘转，
一代领袖窑洞住，
致富拉话山沟沟。

走过千沟万壑，
乡情梦最浓厚。
兰花花开在咱心里头，
西北风一年又一年。
长鞭儿一甩啪啪响，
唱不完那信天游，
黄河天水坡下流，
亲亲家乡山沟沟。

诗心

2019年11月10日

一袭寒风破长笺,
万行诗文犹在怀。
月落禅心寻妙句,
笔耕不辍心自暖。

爱诗的 女人

2019年11月26日

做一个莲心不染的女子,
甘愿守着一份甜甜的回忆。
在文字里品味着生活的馨香,
在平仄中寻找寂静的安逸。
一个悠然的转身,
就是诗和远方。

当秋离开,
看着冬的叶子落入泥土,
柔美、从容,
也是一种生命最美的享受……
有诗的日子,
冬天很暖、很暖……

最温柔的诗行

2019年11月24日

清晨,
撷一滴露珠,
在文字里徜徉,
温润填满眉宇之间,
花开半朵,刚刚好
诗书半卷,亦幽然

素衣清浅的日子里,
推窗,
清风拂案,
且慢且缓,
吹落岁月的尘,
吹起墨韵的香。

无论季节如何转变,
都要有一颗温暖的心。
无论世间是否薄凉,
都应回报以真情。
将手心里的阳光,
融入最温柔的诗行。

龙山
空中茶园

2019年12月20日

茶园润心,
夕阳移落,
霞光辉映。
站在一年里最后一个月,
手心里攥着甜蜜,
轻轻放进茶芽里。

看着自己的影子,
与路过的风
轻轻打着招呼:
拥有一颗纯净的心,
幸福就会围绕着你。

茶园情思

2019年12月14日

龙山暮冬暖阳好,携手茶丛。蜜意情浓。
人面桃花依然红。
一朝别后天涯远,尺素难通。岁月匆匆。
几度相逢在梦中。

天姿

2019年12月30日

天姿潇洒下凡尘,
扇花飞舞漫全身。
凝神观望心欲醉,
冰肌玉骨俏佳人。

注:观看海花迎新年联欢会梁莉莉舞蹈《九儿》随笔。

在
音乐里迷失

2020年1月7日

我听不懂你唱的是什么,
真的很温馨。
静静地沉浸在音乐里,
寒冷中感受着飘来的暖意。
欣赏一旋一律的美妙,
有一种无言的期待和甜蜜,
让我听得入迷……

真的不知道你唱的是什么,
也许是一个美丽的故事。
轻轻地闭上眼睛,
我又一次进入,
我不知它的深度,
我会不会在音乐里迷失,
找不到回来的路……

注:今天突然听到一首非常好听的歌,居然连着听了好几遍,优美的音乐旋律,歌手完全融入情感的演唱,让我的眼里不知不觉泪光闪动,我迫不及待地想知道歌名和演唱者是谁,到网上查,才知道这是日本歌星夏川里美演唱的日语歌《泪光闪闪》。

我的世界你曾来过

151

一路静雅故人归

2020年1月5日

留不住岁月的流逝,
忘不了静雅武夷。
红瓦粉墙尖顶的洋房,
梧桐树是你暖暖的相依。

忘不了浓浓的烟火气息,
诉不尽绵绵的人文故事。
不忘初心牢记使命,
多少风雨我们坚定不移。

一路静雅故人归,
百年沧桑诉衷肠。
前世今生在梦里,
开拓奋进我们再创奇迹。

注:今天下午应邀参加了在武夷路丝享荟举行的"风雨故人来 共话老洋房"对话共享会。

寄给芬英的心愿

2020年4月27日

投票跨过五千大关,
经历了七天的等待,
我们同欢乐共心跳,
心里燃烧着爱的火把,
相互支持暖心底。

我们把祝愿送给你,
祝愿里有春风捧来笑,
笑的花朵千万枝,
祝愿里有春雨唱着歌,
歌的激情永不息。

我把心愿寄给你,
一天天的好运跟着你。
我把祝福许给你,
一年年的好梦伴随你。

朴素，
源于一颗真诚的心

2020年4月22日

庄子曾说：朴素而天下莫能与之争美。朴素是人的底色，根底在于坦荡真诚。衣着、谈吐、表达、行为，都不是为了表现，也不是为了掩饰。朴素的人，清澈而透明，可亲又可近，而且可敬。人人都会有朋友。而真正的友情，是一种纯洁高尚、朴素平凡的感情。"君子之交淡如水"，真正的朋友不热烈，不张扬，默默陪伴，让人感觉虽无十分依赖，却不能离开。真正的朋友如茶之清素典雅，会和你缘于品，敬于德，惺惺相惜，无须言语亦会相知相融。简单朴素，至真至善，平易近人中却总有着感人的力量。

真正的朴素源于一颗真诚、淳朴的心。

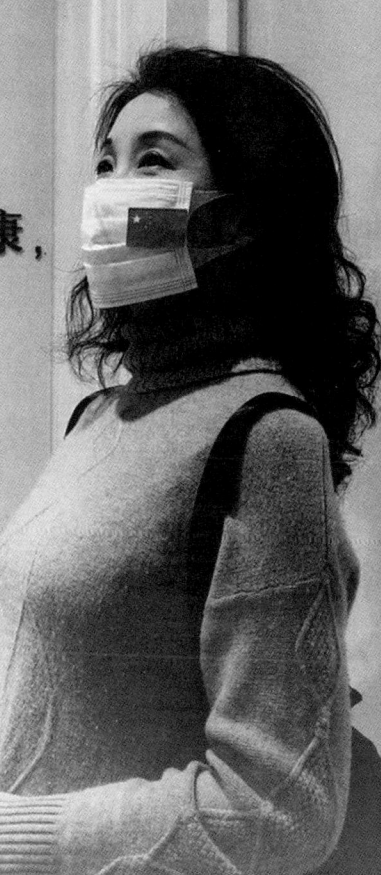

思念的味道

2020年8月3日

总是记得你的笑,
回忆和你在一起嬉闹。
天天快乐像只小鸟,
幸福总在身边围绕。

总是想把你寻找,
看不见你就非常烦恼。
时时看看有没微信,
就怕失联再找不到。

泪水流过好多次,
只是你不知道。
哎呀哎呀无可救药,
这就是思念的味道。

爱情一旦错过了,
心痛自己知道。
哎呀哎呀难以睡着,
这就是思念的味道。

故乡那份情感

2020年8月8日

忘不了那家乡水,
滋润我的心田。
忘不了家乡的音,
全是深深眷恋。

忘不了那间老屋,
儿时幸福家园。
忘不了家乡的人,
真情把我温暖。

走出去的是故乡,
留下的是思念。
千里万里挥之不去的,
是故乡那份情感。

走不出的是回忆,
铭刻下了童年。
天真烂漫记录下来的,
是故乡那份情感。

爱在心中徘徊

如果心中有一条小河,
就会激起爱的漩涡。
不管四季如何变换,
我们的爱不会萧瑟。

珍贵的爱总会有坎坷,
何必在意命运折磨。
只要坚定不移地爱,
激流险滩又算什么。

爱在心中徘徊,
就像一团熊熊烈火。
爱情的世界只有两人,
你我怎能擦肩而过。

爱在心中徘徊,
爱的火焰不会熄灭。
只在默默地用心等待,
奏响爱的那首欢歌。

2020年9月2日

为你
而聚

2019年11月22日

上海互联宝地,
今天的约定为你而聚,
重返青春岁月,
80年代街头骑永久,
快乐在心头……

阳光下的你和我,
抓过蛐蛐,
玩过泥巴,
过过家家,
踢过球,
天黑还不知道回家。

叹青春已去,
白发已染头,
回首人生路,
一腔热血东流,
回味、致敬,
80年代那青春的宝地。

问牧岛

2020年9月12日

风在问你,雨在问你,
你倾诉世间爱的传奇。
日也亲你,月也亲你,
水花飞溅多少深情厚意?

云在问你,雾在问你,
你绽放如歌岁月魅力。
霜也亲你,雪也亲你,
牧岛深藏多少爱的秘密?

牧岛,我带着欣喜来看你,
你带给我多少欢乐多少甜蜜。
牧岛,我怀着真情歌唱你,
你鼓舞我一路追梦风雨同行。

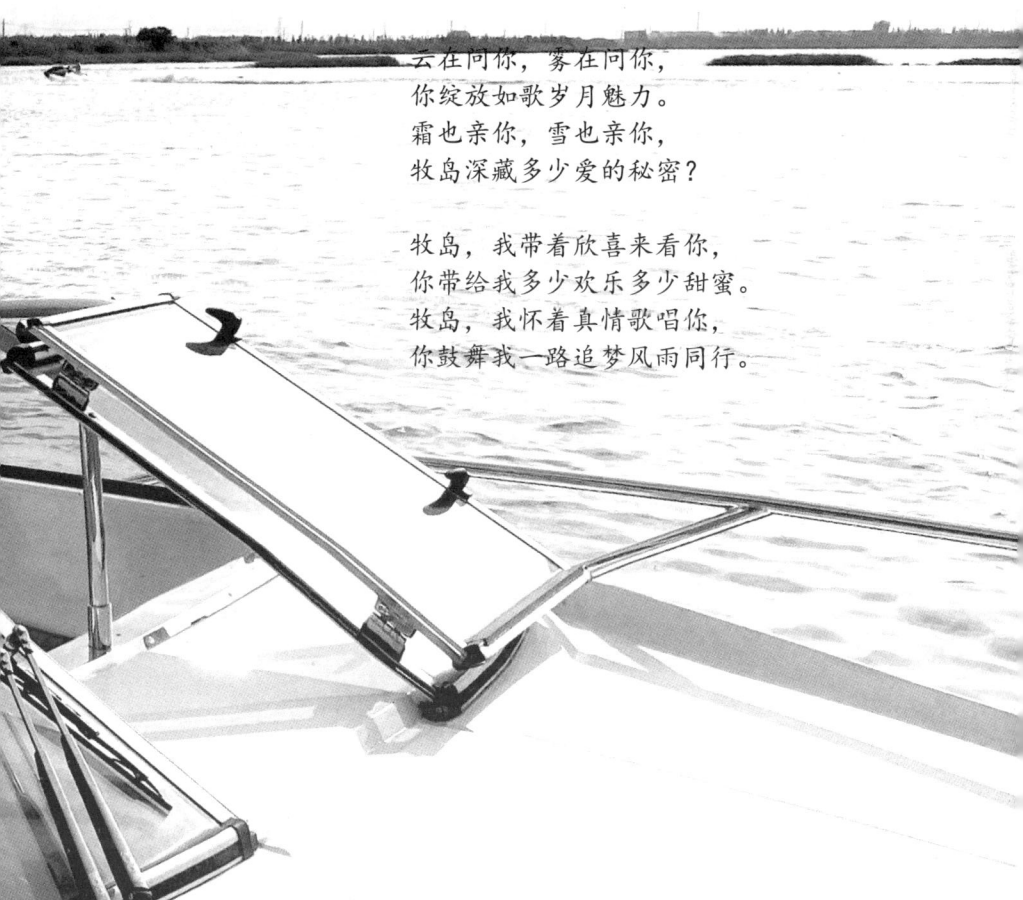

金秋月圆

2020年10月1日

金秋的天空最蓝,
抬头看见一排排南飞的大雁。
枫叶飘落眉宇之间,
那是秋天最美的名片。

月亮爬上银河岸,
思念牵绊一条条寂寞的红线。
多少真爱天涯路远,
徒留一声无奈的长叹。

金秋月最圆,
但愿有情人千里共婵娟。
白首不相离,
月圆人更团圆。

金秋月最圆,
但愿人长久共度好姻缘。
今宵亦永久,
月圆人更团圆。

美丽西藏

2020年10月8日

清晨，沐浴着七彩霞光，
皑皑雪山那是神住的地方。
蔚蓝的湖水清波荡漾，
神鹰飞翔在天空之上。

夜晚，抬头仰望着月亮，
点点银辉那是思念的泪光。
八廓街酒肆温柔情殇，
布达拉宫修在红山上。

美丽的西藏，
你是圣洁的天堂，
心灵的净土，
灵魂的故乡。

美丽的西藏，
你是神往的地方，
心灵可摆渡，
灵魂可安放。

我的世界你曾来过

心诗

2020年10月10日

秋风吹落一叶愁,
心诗涛涛如水流。
昨夜星辰君不见,
梦里相约月西楼。

吟秋
2020年10月11日

千树万花好时光,
未解秋日情意长。
举头仰望叶飞扬,
落英浸染一片黄。

轻风唤我步小巷,
丝丝恬淡入心房。
红尘烦恼皆忘却,
一笺心语吟过江。

看海

2020年10月12日

总喜欢光着脚丫,
自由自在踏着浪花。
看着波浪碎了,
我的心往海角天涯。

曾望着橘红晚霞,
看着大海潮汐变化。
海鸥掠过海面,
美的光影魔幻图画。

看海的日子,
真是快乐无涯。
任海风吹乱头发,
胸怀宽阔愈豁达。

看海的日子,
总是勇敢出发。
任海上风浪激拍,
我愿作舟迎向它。

后记

心中的暖意

推开窗,风是微凉的,也是醉人的,迎着清晨的阳光,大地洒满了诗意的露水。

自从去年诗集《月光如水》出版后,第二本诗集《我的世界你曾来过》带着太多的感动,犹如嗷嗷待哺的婴儿又要与读者见面了。

无论是诗歌还是舞蹈,我都想传递生活中的真善美,传递爱心的温暖。疫情的发生让很多活动都停止了,这也让我可以用很多的时间创作诗歌。当我看到全国各地医护人员奔赴武汉疫区,各种运输工具源源不断把物资运往武汉,作为军人的后代,从小耳濡目染父母和军人把青春和热血献给军营和祖国，当我看到那些感人的事迹，难以抑制地流下激动的泪水。"危难时刻出征，转危为安撤回"，这就是军人的作风品行，我仿佛又看到了奔腾飞驰的车轮，看到了永远的军魂。军旗在心，催我写下一首首诗歌，这些诗歌见证了整个疫情期间党、国家及人民战胜疫情的坚定决心及必胜信念。

疫重情深，感谢余顺龙先生的鼓励支持，策划了9月17日"英雄战歌"我的作品音乐会，赞美英雄，弘扬舍生忘死、永不后退的精神。这次音乐会的诗歌已全部编入了诗集《我的世界你曾来过》。

秋风摇曳，心海波浪涌，岁月的心语，在秋红处轻轻吟唱……我深深地被这些甘于奉献的人所感动着，被生活中的美好而温暖着。是的，每一个人都很弱小，就像沧海一粟，但我们万众一心，就会发出熊熊燃烧的烈火。灾难来临，我们不惧困难，互相扶持，我们彼此牵念，人人都伸出温暖的手，世界和平人民平安。

诗集《我的世界你曾来过》的出版，要感谢生活中所有的美好相遇，感谢众多朋友们的赏识、鼓励与鞭策，让我以笔为马，驰骋在诗的疆场，做只小鸟自由飞翔，激励我再次创作、出版诗集，歌颂祖国、歌唱党，记录下生活中的感动瞬间，让真善美传送得更加久远。

感谢文汇出版社编辑对此书付出的辛劳,熊勇老师不厌其烦地与我沟通,我非常庆幸遇上了一位认真负责的好编辑。

感谢对我创作诗歌给予莫大关心、点拨指教的原上海市委宣传部副部长贾树枚,著名电视主持人燕子姐姐陈燕华,著名电影表演艺术家梁波罗,让我的诗"留住美好的瞬间"。

感谢上海人民广播电台著名播音主持人晓鹿老师为我亲自写序,"滋润了爱"的枝叶。

感谢如水文化工作室朱惠庆老师为本书拍摄的照片,留下难忘的回忆,感谢女儿紫莹永远是我文字的第一分享者、支持者。

感谢上海音乐家协会音乐文学专业委员会对我的培育、帮助。

感谢每一位读者朋友,感谢我的世界你们来过。

周文新(如水)

2020 年 10 月 15 日

图书在版编目（CIP）数据

我的世界你曾来过 / 周文莉著. — 上海：文汇出版社, 2020.10

ISBN 978-7-5496-3352-4

Ⅰ.①我… Ⅱ.①周… Ⅲ.①诗集－中国－当代 Ⅳ.①I227

中国版本图书馆CIP数据核字(2020)第194284号

我的世界你曾来过

作　　者 / 周文莉（如水）

责任编辑 / 熊　勇
装帧设计 / 紫　莹

出版发行 / **文匯**出版社
　　　　　上海市威海路755号（邮编200041）
经　　销 / 全国新华书店
印刷装订 / 启东市人民印刷有限公司
版　　次 / 2020年10月第1版
印　　次 / 2020年10月第1次印刷
开　　本 / 890×1240　1/32
字　　数 / 100千
印　　张 / 5.875

ISBN 978-7-5496-3352-4
定　　价 / 48.00元